# ORGANISATION

## DU TRAVAIL

### Par GENTIL, orfévre

Industriel propriétaire, Membre de la Légion-d'honneur et Croix de Juillet

Prix : 30 centimes

## PARIS

JULES LAISNÉ, LIBRAIRE-ÉDITEUR

PASSAGE VÉRO-DODAT

1848

# ORGANISATION DU TRAVAIL

# L'ORGANISATION DU TRAVAIL

## L'ÉTAT ACTUEL

### DE LA PROPRIÉTÉ FONCIÈRE

## NUIT AUX TRAVAILLEURS

### ET S'OPPOSE A L'ORGANISATION DU TRAVAIL

> Si le riche se refuse a sacrifier sur l'autel
> de la patrie, le riche sera sacrifié pour le salut
> du peuple.

### Par GENTIL, orfèvre

Industriel propriétaire, Membre de la Légion-d'Honneur et Croix de Juillet

## PARIS

### JULES LAISNÉ, LIBRAIRE-ÉDITEUR

#### PASSAGE VÉRO-DODAT

1848

# L'ÉTAT ACTUEL

## DE LA PROPRIÉTÉ FONCIÈRE

# NUIT AUX TRAVAILLEURS

### ET S'OPPOSE A L'ORGANISATION DU TRAVAIL

Le présent et l'avenir se résument en un livre toujours ouvert, et continuellement placé devant les yeux des hommes qui, dans ces derniers temps, préoccupés des misères du peuple, n'ont pas dédaigné de s'occuper des questions de socialisme.

Pour eux, l'avenir est un fleuve majestueux; fleuve aux ondes tranquilles, aux eaux limpides, bien que charriant présentement le vieux limon social ; fleuve auquel ils se confient, car ils en connaissent les sources et l'embouchure.

## A MES CONCITOYENS!

Il y a quelques jours à peine, c'était le 22 octobre 1847, ayant épanché sur le papier les *cent et une pensées d'un démocrate*, je me présentai, mon manuscrit en mains, chez le soi-disant démocrate Pagnerre, aujourd'hui secrétaire-général du gouvernement provisoire, qui trouva que mes pensées étaient beaucoup trop démocratiques pour que, en sa qualité d'éditeur, il se permît de les publier ; puis il ajouta qu'en outre *et comme homme*, il les désapprouvait, ses opinions politiques étant *fort éloignées des miennes.*

Effectivement, à ce moment, le grand promoteur de banquets réformistes recrutait pour l'avénement au pouvoir de ses dieux favoris, Thiers et Barrot ; et il était loin de croire qu'il y avait en lui ce brin d'herbe qui devait dernièrement surgir secrétaire-général du gouvernement provisoire.

Chose singulière ! il en était encore ainsi lors des premiers jours de février, durant lesquels je rappelai mes cent et une pensées au souvenir du soi-disant démocrate Pagnerre, croyant que l'imminence de la révolution récemment accomplie pouvait avoir quelque peu avancé ses opinions. Le secrétaire-général en herbe ne me fit pas cette fois l'honneur de me répondre ; mais comme je suis d'assez bonne composition, je ne doute pas que le citoyen Pagnerre ne soit aujourd'hui beaucoup plus avancé que moi, puisqu'il est à l'heure actuelle secrétaire-général du gouvernement provisoire de la République française.

Quoi qu'il en soit, et puisqu'il est essentiellement question de l'organisation du travail, puisqu'il est certain que nous n'avons présentement d'une révolution que le mot, et qu'après avoir, le 24 février dernier, franchi la nouvelle étape, nous n'aurons vraiment une révolution qu'alors que les institutions actuelles auront été changées ; puisqu'il est constant que, depuis bien des siècles, l'humanité a fait fausse route, et qu'il s'agit présentement de la tirer de la voie funeste dans laquelle elle est engagée, je dirai à mes chers concitoyens que si les opinions politiques du très recommandable citoyen Pagnerre se fussent trouvées un peu plus avancées en octobre ou février dernier, et qu'il lui eût été convenable d'éditer mes pensées démocratiques, ils auraient pu y lire les suivantes qui devront leur servir d'entrée en matière, quant à ce qui est des voies et des moyens à l'aide desquels nous pourrions sous peu arriver à organiser le travail d'une façon efficace.

Je disais donc, PENSÉE n° 1 :

Il en fut des biens de ce monde, à l'origine, comme du soleil ; créés pour tous, chacun y trouvait place, chacun pouvait y prendre part : mais le premier qui s'en attribua une portion plus étendue que ce que lui commandait la stricte nécessité de ses besoins, celui-là commit une usurpation au préjudice de ses semblables, présents ou futurs.

Or, une usurpation, c'est un vol ! et quiconque aujourd'hui achète d'autrui une partie notable de biens terriens, achète un objet antérieurement volé ; volé au préjudice de ceux qui de nos jours ne possèdent rien, ne peuvent rien posséder, vu que de certains s'attribuent des parts si étendues qu'il ne se trouve plus de place pour leurs semblables.

Je disais aussi, PENSÉE n° 7 :

Je possède un petit nombre d'arpents de terre, et, sans cesse préoccupé des malheureux qui ne possèdent rien, je ne puis ne pas me considérer, vis-à-vis de Dieu, comme détenteur illégal. Cependant, en dépit de ma conscience qui souffre, je garde ce que j'ai acquis, car il me faut garantir ma vieillesse, ma femme et mes enfants ; et la société organisée comme elle est, se rirait de moi, et, qui pis est, me laisserait périr de besoin, si j'appelais les pauvres de ma commune au partage de ce que j'ai.

Je me considère comme détenteur illégal, moi, qui à force de travail et d'économie, uisp arvenu avec peine au milieu de ma

carrière probable, à garantir l'autre moitié;
mais que sera mon fils vis-à-vis de Dieu, et
combien plus je me rends coupable, en l'in-
stituant, par droit de succession, propriétaire
de biens qu'il n'aura rien fait pour acqué-
rir ?

Plus loin, et vu la non-coopération du très
recommandable citoyen Pagnerre, ayant eu
le loisir d'ajouter à mes cent et une pensées
un certain nombre de roues de rechange, je
disais au n° 15 de *Mes roues de rechange* :

Il est à mes yeux un moyen aussi simple
que prompt d'éteindre la mendicité, d'enri-
chir les communes, d'apporter le bien-être
su sein des classes laborieuses et d'étouffer
du même coup l'aristocratie. Ce serait de
décréter que l'État interviendra dans toutes
les successions terriennes et immobilières
pour y prélever une part d'enfant au profit
des communes qui, dès lors, ne pouvant rien
aliéner, et se mettant en mesure de posséder

tout le matériel aratoire nécessaire, afferme-
raient aux habitants l'exploitation des biens
nouveaux.

Par ce moyen, en moins de dix ans, les
communes seraient riches et le peuple heureux ; en moins d'un demi-siècle, la terre serait la propriété de tous, et chacun jouirait
de ses fruits ; l'homme enrichi par l'industrie, ne pouvant plus acheter la terre et se
confiner dans l'égoïsme, en concentrant sa for-
tune en acquisitions terriennes, serait souvent
contraint à faire le bien de son vivant, en
remettant, à l'âge de la retraite, ses capi-
taux aux mains de ses proches, désormais
moins désireux de sa fin (1).

(1) Notre législation régissant les richesses, admet les
collatéraux au douzième degré ; ne pourrait-on pas insen-
siblement supprimer les collatéraux en retranchant l'un
après l'autre, et de cinq en cinq années, chacun des dou-
zièmes ? Le bien-être commun fournirait à l'humanité, ce
me semble, une compensation suffisante.

Je disais en outre au n° 9 :

La société gémit et se tord sous l'influence de son actualité des harmoniques ; de là des penseurs qui, St-Simoniens, Fourriéristes, Fusionniens, Icariens, tendent par des moyens divers à tirer l'humanité de l'ornière dans laquelle elle s'est laissée choir.

Ces penseurs élevés, à l'égard desquels l'humanité entière doit se montrer reconnaissante, s'efforcent tous à réaliser le bien qu'ils conçoivent, en développant, chacun de son côté, et chacun à son point de vue, des théories de socialisme, d'égalité et de garantisme : mais, malheureusement, aujourd'hui encore, il y a confusion d'idées entre eux, ce qui semblerait indiquer que le moment n'est pas encore venu de sauver l'humanité.

Effectivement, j'ai vu souvent qu'entre ces hommes dévoués, la divergence des systèmes opérait une confusion de langues qui les rendait inintelligents entre eux ; inintelligi-

bles aux masses, sans le concours desquelles
ils ne pourront rien transformer. Ils parlent
sans cesse d'unitéisme et n'ont seulement
pas entre eux l'unité du langage. Car j'ai en-
tendu tel d'entre eux parler exclusivement
français à tel autre qui, n'entendant que l'al-
lemand exclusivement, parlait cette langue à
un troisième qui ne pouvait comprendre que
le russe, et ainsi de suite. De là vient, incon-
testablement, qu'alors que chacun avait parlé,
chaque auditeur ne pouvait, après avoir prêté
l'oreille bien qu'attentivement, s'assimiler que
les consonnances qu'il lui était facile d'é-
laborer, et ne pouvait être d'accord sur
l'ensemble, faute de n'avoir pas compris
un langage qui ne lui était point fami-
lier.

Cette confusion des langues n'est autre
chose, dans l'état actuel, que nos préven-
tions, nos préjugés, dérivant d'une éducation première qui, n'étant pas la même pour

tous, donne fatalement à chacun de nous un mode d'appréciation différent, quant à ce qui est des mêmes choses.

Amener les hommes de notre époque à épouser des systèmes différents entre eux, et tous plus ou moins complets, ce n'est donc pas précisément là que devraient converger nos efforts; là n'est pas l'unité, et il nous faut l'unité absolue. L'unité absolue, nous la rencontrerons seulement après qu'une loi de l'État aura soumis la génération naissante à un enseignement égal pour tous : l'enseignement égal pour tous, l'État, qui de nos fils fait à son gré de la chair à canon, l'État a le droit de le prescrire, de l'ordonner.

Que dès l'âge de sept ans, tous enfants, vêtus de même et aux frais de l'État, aillent s'asseoir jusqu'à dix ans sur les bancs d'écoles primaires; qu'à l'âge de dix ans, ils soient incorporés dans des lycées nationaux; là, de six mois en six mois, des concours rendront

compte de leur mérite intelligent, et ceux-là
seuls chez lesquels on reconnaîtra une pro-
pension marquée seront dirigés vers les hautes sciences ; les autres vers l'agriculture et
l'industrie. C'est alors qu'à ces enfants de-
venus hommes, qu'à ces enfants qui tous dès
leur enfance auront compris l'égalité, et dont
les bases premières de l'éducation, développant leur intelligence, auront été les mêmes ;
c'est alors qu'on pourra, quant aux questions
d'unitéisme et de socialisme auxquelles ils
seront préparés, qu'on pourra leur parler un
langage que tous comprendront sans confusion, et dont ils pourront faire l'application
immédiate. Ils seront bien près alors ; ne
prenant plus l'incident pour le fond, il seront
bien près d'abandonner à la métallurgie l'or
et l'argent qui aujourd'hui représentent tout,
aussi bien qu'on abandonne à la minéralogie
et à la curiosité les rubis et les émeraudes
qui valent plus que l'or et l'argent.

Oui, c'est à leur source et dans leur nativité, qu'il faut prendre l'unité, l'égalité, si l'on veut transformer le monde ; hors de là, et en s'écartant de ce principe, on ne rencontrera, on ne créera que résistance dans le présent et dans l'avenir.

Vous donc, novateurs, hommes ardents, dévoués et généreux ; flambeaux de l'époque actuelle qui disposez de la presse, traitez constamment cette question ; tourmentez l'État par la manifestation continuelle de ce besoin ; appelez à vous les masses déshéritées, et songez à la puissance de vos armes !...

N'avez vous pas dans votre cerveau toujours enflammé, des idées toujours renaissantes dont l'expansion suffit à embraser le monde ? N'avez-vous pas, au moyen de votre plume, le pouvoir de les répandre à profusion ? Travaillez, travaillez donc à la propagation des principes fondamentaux de toute prompte régénération, et surtout n'essuyez, ne polissez vos armes qu'après avoir vaincu la résistance.

Finalement, j'approuve St-Simon, j'approuve Fourrier, j'approuve Tourriel, j'approuve Cabet; car de même que le moins qu'ils demandent n'exclut pas le plus que je voudrais, de même le plus que je veux n'exclut pas le moins qu'ils demandent. Seulement, je veux, par des moyens moins bénins, plus radicaux, plus promptement révolutionnaires que ceux qu'ils indiquent, je veux immédiatement et sans temporisation, car l'humanité souffre, et, pour soulager sûrement et promptement l'humanité, à mes yeux et à mon avis, tous les moyens sont bons, même les grands moyens....

Et maintenant, mes chers concitoyens; voici substantiellement, et à l'état de prémisses, les paroles que j'eus l'honneur de faire entendre le lundi, six mars dernier, au club de la salle Montesquieu ; lesquelles, sous forme

d'adresse, je soumets aux membres du gouvernement provisoire, et que je vous engage
à méditer profondément en attendant que
nous puissions, ailleurs que dans un opus-
cule, les traiter d'une façon plus étendue.

# ADRESSE D'UN INDUSTRIEL

DÉMOCRATE RADICAL, PROPRIÉTAIRE DE BIENS LIQUIDES

Aux citoyens

## MEMBRES DU GOUVERNEMENT PROVISOIRE

SOCIALISME, LIBERTÉ, ÉGALITÉ, FRATERNITÉ, RICHESSE POUR TOUS

Le peuple est l'unité compacte, depuis longtemps foulant le sol, mais qui désormais s'élève incessamment en pyramide vers le ciel, à l'effet de s'y parfaire par l'intelligence jusqu'à la réalisation de l'état divin.

L'éducation est l'unité réelle et absolue d'où dérive toute perfectibilité morale.

La terre est l'unité réelle et absolue, source de toutes les richesses.

L'or et l'argent disparaissant de ce monde.

la terre n'en continuerait pas moins à se cou-
vrir de fleurs, de fruits et de moissons, source
de toutes les jouissances.

Tout travail forcé exténue l'homme, dé-
prime l'intelligence, étiole les générations
naissantes qui y prennent une part trop pro-
longée, et tend à vicier le germe des générations futures que l'homme porte en lui.

L'industrie fait concurrence à l'agriculture, en lui enlevant des bras qu'elle énerve,
et que continuellement, et durant un tiers de
l'année, elle rejette inoccupés.

Pour assurer le bien-être de la classe des
travailleurs, éviter les révolutions nouvelles,
attacher les hommes au sol et améliorer l'é-
tat de l'agriculture, il faut, le plus promptement possible, faire l'application des moyens
suivants :

Fixer le maximum de travail que doit chaque jour fournir l'ouvrier;

Fixer le minimum de salaire auquel il a

droit, en prenant pour base le prix des choses reconnues nécessaires à l'existence de l'homme;

Indemniser le travailleur en raison du nombre de ses enfants;

Décréter l'éducation en commun et aux frais de l'État, quant aux enfants de tous les citoyens, vêtus uniformément dans les écoles et lycées nationaux;

Interdire aux propriétaires fonciers la faculté de vendre les biens dont ils sont aujourd'hui en possession;

Frapper successivement de déchéance, et de degrés en degrés, les collatéraux dans leurs prétentions aux successions terriennes et immobilières, recueillies désormais par l'État au profit des communes;

Reconnaître à l'État le droit de prélever part d'enfant dans toutes les successions de biens terriers et immobiliers échéant aux héritiers directs;

N'accorder qu'à l'État et aux communes le droit d'acheter, en cas d'urgence et d'utilité publique, les biens terriers et immobiliers aujourd'hui aux mains des propriétaires fonciers;

Assimiler les prêteurs hypothécaires aux propriétaires; leur reconnaître un droit de copropriété et de partage au revenu, au *prorata* des sommes avancées et du revenu total;

Interdire à l'État le droit d'aliéner les biens fonciers qu'il possède aujourd'hui et qui lui feront désormais retour;

Permettre que les communes, une fois pourvues du matériel aratoire indispensable, afferment aux habitants pauvres les terres à elles appartenantes; lesquelles terres seraient toujours labourées, fumées, ensemencées par elles, à titre d'avance et en raison des besoins locaux.

Ceci organisé, l'industrie cesserait de faire à l'agriculture une concurrence aussi redou-

table que celle qu'elle lui fait aujourd'hui,
vu que l'habitant pauvre des campagnes,
pouvant désormais cultiver le sol, et n'é-
tant plus en peine des premières avances
à faire, reculerait à se séparer de sa famille
et à abandonner le bien-être certain que lui
procurerait l'agriculture.

Trembleurs, vous tous qui possédez et qui
redoutez d'avoir à ouvrir la main, réfléchissez, je vous y invite, à la situation encore
belle et sécurable que la République vous fe-
rait, à vous et à vos enfants, en adoptant un
tel système.

Réfléchissez surtout qu'aux yeux de Dieu,
aussi bien qu'à ceux des hommes sages, la
terre créée pour tous doit être la propriété
de tous, et qu'en présence de cette vérité su-
prême, ces hommes que vous appelez peuple
et qui font ces révolutions qui, sans améliorer sensiblement leur sort, vous élèvent continuellement dans les hautes sphères so-

ciales; ces hommes étant tous, dès demain peut-être, pénétrés de la sainteté de leurs droits, pourraient bien, sans attendre votre abdication trop tardive, jeter une fois pour toutes leur glaive dans la balance et la faire pencher plus lourdement encore à leur profit. Énumérez les misères qu'ils souffrent, et songez que c'est d'eux surtout que notre grand poète a voulu parler, lorsqu'il vous a fait entendre que

> Même quand la vendange est belle,
> Le pauvre ne vendange pas.

Et quant à ceux qui aujourd'hui ont mission de représenter les intérêts du peuple, et d'éviter à la nation le retour de ces révolutions qui couvrent en un instant nos cités de ruines, de sang et de cadavres, le meilleur moyen pour y parer, c'est d'envisager sans effroi la situation et d'entrer largement dans la voie des réformes à faire. Ces réformes doivent être profondément radicales ; car si, au lieu d'édifier à nouveau, tandis qu'ils ont en ce moment tous les éléments propres à une construction neuve, ils se contentent de replâtrer la façade du vieil édifice, il adviendra qu'en un temps qui ne se fera pas beaucoup attendre, les poutres vermoulues s'affaisseront sur eux, alors qu'ils se croiront en sûreté. L'histoire du passé est, dit-on, l'histoire de l'avenir.

Que si, d'une part, on ne se fatigue pas de répéter chaque jour au travailleur manquant de tout, qu'il lui faut être sage, patient et résigné ; d'un autre côté, je crois que l'on peut bien avoir le courage de dire ouvertement à la nation quelle est sa situation, et au riche, en particulier, quels sont les sacrifices que l'on attend de lui. La chose une fois dite, elle sera en quelque sorte à moitié accomplie. Hors de là, point de sécurité dans l'avenir ; et au lieu d'avoir fait une révolution, vous vous trouverez véritablement n'avoir franchi qu'une étape.

Relativement à l'organisation du travail, cette question se relie donc essentiellement à l'état de la propriété ; et cela, tant et si bien, que les seuls points à discuter aujourd'hui sont ceux relatifs au *maximum* de travail et au *minimum* de salaire. Mais alors qu'ayant fixé un minimum de salaire, le fabricant rencontrera des ouvriers incapables de produire par leur travail l'équivalent du minimum de salaire, que fera-t-il de ces hommes ?

L'ouvrier reconnu incapable de gagner le minimum de salaire basé sur le coût des choses de première nécessité, emportera certainement avec lui son brevet d'incapacité, quant à ce qui est de l'exercice du métier auquel il aura voulu se livrer ; mais est-ce à dire pour cela qu'il devra être retranché de la société ? Non. Tel peut être mauvais peintre ou mauvais ébéniste, mais pourrait être bon laboureur. Il faut donc que l'État pourvoie à ce que retournant à la charrue qu'il a abandonnée, la plupart du temps, pour essayer de trouver dans nos fabriques des ressources qui lui font défaut; il faut, dis-je, que l'État le mette à même, bien qu'il soit pauvre, de pouvoir retourner à l'agriculture, et lui offre dans cette condition des chances certaines de ressources supérieures à celles que lui fournirait, dans les fabriques, ce minimum de salaire auquel il ne peut même pas prétendre.

C'est ainsi que si demain l'État se trouvait en mesure d'offrir aux travailleurs inoccupés de la capitale des ressources agricoles qu'ils n'ont pas aujourd'hui, rien ne serait plus facile que de fixer, présentement pour les hommes qui se vouèrent à l'industrie, le minimum du travail à 3 fr.; pour les femmes, le minimum à 2 fr.; et quiconque, ne pouvant pas prétendre à ce salaire, formerait exubérance dans les villes, pourrait, sous la protection tutélaire de l'État, émigrer vers les champs et être certain d'y trouver au sein de la nature, comme en face du ciel et de la société, une existence honorable et non dépourvue d'attraits.

Quant à ce qui est de l'absorption à leur profit, et par des marchands, vrais parasites qui s'interposent entre le travailleur et l'acheteur, d'un bénéfice que l'ouvrier ne recueillerait pas longtemps s'il se trouvait en rapport direct avec l'acheteur, ceci n'est qu'une question indirecte et toute de détail, qui ne mérite guère qu'on s'y arrête en ce moment, où il est beaucoup plus essentiel de stipuler en faveur de l'ouvrier qu'en faveur du consommateur. Mais afin que l'ouvrier habile ne reste pas constamment ouvrier, il me semble que toutes les fois qu'aurait lieu une exposition des produits de l'industrie, et que certains ouvriers auraient mérité des récompenses, désignés qu'ils seraient d'ailleurs par leurs camarades pour leur bonne conduite ; il me semble que l'État, en leur confiant des fonds à titre de *banquiers des travailleurs,* pourrait aisément leur faciliter des moyens d'association pour élever des fabriques, et conquérir l'indépendance et la considération qui s'attachent aux chefs d'établissements.

Comme je traçais les dernières lignes de l'article ci-dessus, je reçus, à mon grand étonnement, quelques vers, que, par erreur certainement, a cru devoir m'adresser un de mes concitoyens, concernant la part que j'ai dû prendre aux événements de février ; j'y réponds incontinent, et cette réponse, dont la partie que je vais transcrire peut s'adresser à tout le monde, viendra clore à propos ce que j'ai dit plus haut.

. . . . . . . . . . . . . . . . . . . .

. . . . . . . . . . . . . . . . . . . .

Quant à moi, qui, depuis que j'ai l'âge de
raison, n'ai pu m'empêcher de croire que
Dieu m'avait déposé sur le sol afin que je
concourusse au développement du bonheur
et de l'émancipation intellectuelle de ces
masses déshéritées, que je rencontre, en ob-
servant notre état social, dans les couches
inférieures de la société, je n'ai pu, aussi
bien comme j'y aidai en 1830, m'empêcher
d'aider, par le concours de mon influence, à
l'avènement de leur bonheur futur. Aujour-
d'hui, et tout en marchant de nouveau à tra-
vers des flots de sang, nous avons encore
franchi une étape!

A qui l'avenir, maintenant? telle est la
grande question, telle est celle que doivent
se poser tous les hommes intelligents, et
qu'ils doivent s'efforcer à résoudre; car ce
n'est pas à dire que l'humanité devra s'arrê-
ter dans la voie de progrès qu'elle est appe-
lée à parcourir, parce que des idées à la pro-

pagation desquelles beaucoup ont concouru sont désormais acceptées : ces idées, et l'é-tablissement du gouvernement nouveau, ne sont qu'une faible partie du programme des hommes avancés ; elles portent cependant l'avenir dans leurs flancs entr'ouverts.

De même que le navigateur hardi, j'ai dû m'estimer heureux de rentrer dans le port sain et sauf après une navigation périlleuse ; mais je ne puis laisser mon navire constamment ancré dans le port, alors que l'océan est toujours devant moi et qu'il reste à explorer des parages à peine indiqués. C'est ainsi que depuis plusieurs jours je me demande où est l'avenir, où est au ciel l'étoile qui doit nous guider dans notre marche ; cette étoile, je crois l'apercevoir, et de nouveau je rentre dans la lutte.

Je ne sais pas s'il me sera donné d'être républicain, mais assurément je suis et resterai toujours démocrate radical. Pour moi, l'avenir est dans la réalisation prochaine du communisme; par communisme, j'entends dire l'unitéisme, le socialisme, l'association enfin dans le sens le plus étendu à donner à ce mot. Mais, pour naviguer dans ces parages et éviter les écueils, il faut une boussole plus parfaite que n'est aujourd'hui celle des hommes qui ont crié : terre ! sans sonder les rescifs.

Oui, infailliblement, *l'avenir est au communisme !* et si nous voulons triturer, saisir, comprendre, analyser ces mots de *liberté, égalité, fraternité,* et les prendre dans toute l'acception de leur sens absolu, nous verrons que la vérité est là, là, rien que là, soit que nous les prenions, ces mots, tels qu'ils tombèrent sur la terre s'échappant de la bouche du Christ, soit que nous les prenions tels qu'ils sont prononcés en face du privilégié par le peuple conquérant des droits les armes à la main ; je le répète, *l'avenir au commu-*

*nisme;* c'est-à-dire à l'association entre tous des intérêts de tous.

Ceci une fois compris, la route est moins dangereuse qu'on paraît le craindre ; et quant à moi, qui ai hâte de la sillonner, j'ai déjà levé l'ancre, et je suis plein de sérénité et d'espoir touchant le bonheur futur des masses.

Imprimerie de J. FREY, rue Croix-des-Petits-Champs, 55

www.ingramcontent.com/pod-product-compliance
Lightning Source LLC
Chambersburg PA
CBHW060810280326
41934CB00010B/2634